Christa Spilling-Nöker

Wenn Engel dich berühren

Mit Bildern von Marc Chagall

HERDER

FREIBURG · BASEL · WIEN

Vorwort

Wer träumt nicht gelegentlich vom „Himmel auf Erden"? Dabei bewegen sich die Fantasien meistens in die Richtung einer vollkommenen Liebe oder blendender materieller Verhältnisse. Am liebsten wäre einem beides.

Dabei wird uns der „Himmel auf Erden" ja gelegentlich geschenkt, aber nicht als Dauerzustand, sondern als vorübergehende, oft flüchtige Engel-Erfahrung. Dann nämlich, wenn wir vom Licht des Trostes und der Ermutigung, von der Kraft der Hoffnung und der Zuversicht in der Weise berührt werden, dass wir unser Leben eines Tages wieder in die eigenen Hände nehmen und unsere Füße auf den Weg bringen, der uns mit Sinn erfüllt.

Mögen diese Texte für die überraschenden Augenblicke, in denen uns Engel berühren, empfänglich machen und mit einem kleinen Stück Himmel beschenken.

Christa Spilling-Nöker

Wenn dir die Augen
aufgehen
und du einen Blick
dafür bekommst,
was für dein Leben
wirklich wesentlich
und bestimmend ist,
dann haben
die segnenden
Kräfte der Engel
ihre bewegenden
und belebenden Spuren
in deine Seele
gedrückt.

Du bist größer
als du denkst
und mehr
als du ahnst.

Der Engel in dir
will seine Flügel
erst noch entfalten,
um deine Seele
zu weiten
und dich empfänglich
zu machen für das,
was du in Wirklichkeit
sein kannst.

Heute fällt dir
das Glück
direkt vom Himmel.
Deine Sorgen
schweben davon,
als hätte sie es
niemals gegeben,
weil plötzlich
alles in dir leicht wird
und deinem Herzen
Flügel wachsen.

Eines Nachts
erwachst du aus deinen
dunklen Gedanken
und selbstzerstörerischen
Fantasien.
Die Kräfte der Engel
berühren deine Seele
und bestärken dich darin,
den Kampf des Lebens
in all seinen Facetten
noch einmal neu
aufzunehmen.

Es gibt Tage,
an denen dir nichts gelingen will.
Wut und Enttäuschung
sammeln sich in deiner Seele
zu einer unheilvollen
Gefühlsmischung an.
Atme in solchen Augenblicken
die zerstörerische Last tief aus
und schicke sie in Gedanken
immer und immer wieder
zum Himmel hinauf.
Wenn dir wieder wohl
und frei ums Herz ist,
dann haben die Engel
deinen Unmut in Luft aufgelöst.

Es gibt keine Wege,
die in unauflöslichem
Chaos enden.
Auch du wirst aus dem
Gespinst unzähliger
verworrener Fäden
mit Hilfe der behutsamen
Hände eines Engels
deinen eigenen
Weg ent-wickeln,
der dir am Ende
Sinn und Erfüllung
verspricht.

Heute bist du
über dich selbst
hinausgewachsen.
Völlig überraschend
hattest du einen
bedeutsamen Erfolg.
Du schwebst gleichsam
im siebten Himmel
und darfst dort
mit den Engeln
um die Wette
jubeln.

Wenn dich
versöhnliche Worte
von einem Menschen erreichen,
der sich vor langer Zeit
von dir abgewandt hatte,
dann sind es himmlische
Kräfte gewesen,
die zu dem Wunder
dieses beglückenden
neuen Anfangs
bewegt haben.

Wage endlich einmal
alle Anstrengungen,
die dich verkrampfen,
aufzugeben
und dich fallen zu lassen.
Du darfst gewiss sein:
Die Kräfte der Engel
fangen dich auf.

Sorge dich nicht darum,
wie du den schweren Weg,
der vor dir liegt,
ertragen und durchstehen kannst.
Du darfst darauf vertrauen,
dass dir die Engel
immer um einen
erhellenden Schritt
voraus sind.

Es gibt Tage,
die so finster sind,
dass du dich am liebsten
unter der Bettdecke
verkriechen möchtest.
Möge dir dann
ein Engel das Fenster
zum Himmel wieder weit öffnen,
so dass du Lust bekommst,
mit frischer Hoffnung
in den neuen Tag
aufzustehen.

Möge dir in deiner Angst
ein Engel zur Rechten
und einer zur Linken
treu zur Seite stehen,
damit du dich gehalten weißt
und nicht aus der Spur
fallen kannst.

Wenn dich des Nachts
deine Sorgen quälen,
dann vertraue darauf,
dass dich die Engel des Friedens
in ihre Obhut nehmen
und dir die nötige Ruhe
zum Schlafen schenken.
Während sie über dir wachen,
streuen sie zugleich
hoffnungsfrohe Bilder
in deine Träume,
damit du den Morgen
mit einem Lächeln
begrüßen kannst.

Es gibt Augenblicke,
in denen du versuchst,
notwendige Entscheidungen
zu umgehen.
Ich wünsche dir,
dass dich in solchen Zeiten
des Zögerns und Zauderns
ein Engel fest an die Hand nimmt
und dich dazu bewegt,
den nächsten Schritt
auch wirklich
zu tun.

Ich wünsche dir einen Engel,
der dich mit sicherer Hand
über die Abgründe
deines Lebens führt
und dir die Gewissheit schenkt,
dass du auf dem neuen Standort
wieder an Boden gewinnen
und dich zu Hause fühlen kannst.

Oftmals fließt das Leben
deinem Empfinden nach
gleichförmig und
ereignislos vor sich hin.
Möge dann ein Engel
mit all seiner göttlichen Macht
deine verschlafenen
Träume, Fantasien
und kreativen Kräfte
zu kraftvollem Wirken
erwecken.

Ich wünsche dir,
dass sich die himmlische
Harmonie der Engel
in deiner Seele
widerspiegelt,
damit du in den
vor dir liegenden Tag
heiter hineingehen,
ihn friedvoll gestalten
und Ruhe
ausstrahlen kannst.

Es sind die
Kräfte der Engel,
die dich wieder aus der
Tiefe herausziehen,
in der du in deiner
Verzweiflung
ganz versunken bist.
Schon bald darfst du
in deinem Leben wieder
ein kleines Stück
vom Himmel
unter deinen Füßen
erspüren.

Mögen dir die Engel
von Tag zu Tag
immer wieder neu
die Botschaft vom Frieden
ins Herz singen,
damit sie deine Seele
dazu entzünden,
ihre Verheißung
wenigstens hier und da
auf der Welt
Wirklichkeit werden
zu lassen.

Möge dir ein Engel
nach all den Aufregungen
und Anstrengungen
der letzten Zeit
Ruhe und inneren
Frieden schenken,
damit du wieder
zu dir selbst kommen
und die Freude
am Glanz der Welt
mit wachen Sinnen
wahrnehmen
und genießen kannst.

Schenke dem Engel
der Freiheit
heute Einlass in dein Haus
und in dein Herz.
Er wird dich von deinen
zermürbenden
Selbstzweifeln erlösen,
damit du aufatmen
und dich endlich ganz
annehmen kannst.

Marc Chagall

Heute hast du allen Grund
zur Freude, zum Feiern,
und zum Fröhlichsein,
weil dir der Himmel
nach einer schweren,
angstvollen und
schmerzhaften Zeit
wieder offen steht
und dein Herz
engelleicht
geworden ist.

Engelskräfte
befreien dich
von der erdrückenden
Last der Vergangenheit.
Sie ermutigen dich dazu,
dich ganz auf die Gegenwart
und ihre Herausforderungen
einzulassen und dich dem,
was die Zukunft
für dich bereithält,
mit froher Erwartung
zu stellen.

Engel
kommen und gehen.
Sie betreten unerkannt
deine Räume,
berühren
in aller Stille
dein wundes Herz
und lassen dich
wundersam verwandelt
zurück.

Wenn du dich
auf das geheimnisvolle
Wirken der Engel
ganz einlässt,
nimmst du in der Tiefe
deines Herzens wahr,
was Vertrauen,
Hingabe
und Liebe
wirklich bedeuten.

Im Licht der Engel
offenbart sich dir
– unausweichlich –
deine eigene Wahrheit.
Sie bewegt dich dazu,
deine Selbsttäuschungen
endlich aufzugeben
und dein wirkliches Wesen
zu erfassen und zu begreifen,
damit du zu einem
neuen Menschen werden
und dir selbst
begegnen kannst.

Mögen dir die Engel
das himmlische Geschenk
von Vertrautheit und Nähe
in dein Herz senken,
damit du in jeder
zärtlichen Berührung
des geliebten Menschen
etwas von ihrer
Wesensart erspürst.

Chagall

In dieser Nacht
träumt sich ein Engel
in deinen Schlaf.
Er verzaubert deine
dunklen inneren Bilder
in Licht und Farbe,
so dass du beim Erwachen
in deiner Seele
eine lichtvolle Hoffnung
wahrnimmst, die dich zum
Singen und Tanzen
bewegt.

Wenn dir ein Mensch
anvertraut,
wie gern er dich hat,
und wie wichtig du für ihn bist,
dann haben ganz sicher
die Engel der Liebe
ihre behutsamen Hände
im zärtlichen Spiel.

Schenke dir
einen freien Tag,
an dem du nichts tun
und nichts leisten musst.
Streife die Sorgen
des Alltags ab,
und löse dich von dem Druck
der Anforderungen,
die ständig an dich
gestellt werden.
Gönne dich endlich einmal
nur dir selbst –
und deine Seele wird
engelhell.

Manchmal
hast du das Gefühl,
als ob alles, was dir einst Halt
und Sinn gegeben hat,
zerbrochen und zerfallen ist.
Orientierungslos irrst du umher –
ohne Richtung und ohne Ziel.
Möge dir dann ein Engel
zur Seite stehen,
damit du die nötige Kraft findest,
die verschüttete Freude
wieder freizulegen,
so dass sich dein Leben
neu fügen
und wieder an Klarheit
gewinnen kann.

In der Berührung
mit den Kräften der Engel
ahnst du etwas
von der Heiligkeit
deines Lebens,
von deiner Besonderheit
und dem einmaligen Wert,
der dich in deinem
persönlichen Wesen
ausmacht.

Wo immer du bist,
breiten Engel ihre
behütenden Flügel
über dir aus.
Durch ihre lichte Kraft
ergreift dich die Fülle
göttlichen Segens,
der dein Leben
in unermesslicher Weise
mit Sinn durchströmt.

Bildnachweis

(Einband) Marc Chagall, Abraham und die drei Engel (Abraham et les trois anges (Detail)), 1960–1966, MNMC, Nizza

(2) Ders., Zirkus (Le Cirque), 1967, Lithographie, M 511

(7) Ders., Der Tanz, 1950–1952, Öl auf Leinwand, Musée National Marc Chagall, Nizza

(11) Ders., Zirkus (Le Cirque), 1967, Lithographie, M 524

(15) Ders., Der blaue Zirkus, 1950–1952, Öl auf Leinwand, Musée National Marc Chagall, Nizza

(19) Ders., Paris zwischen zwei Ufern, 1953–1956, Öl auf Leinwand, Privatbesitz

(23) Ders., Der Himmel von Paris, 1973, Öl auf Leinwand, Privatbesitz

(27) Ders., Grüne Landschaft, 1949, Gouache auf Papier, Basel, Sammlung Marcus Diener

(31) Ders., Das blaue Gesicht, 1967, Öl auf Leinwand, Sammlung A. Maeght, Paris

(35) Ders., Die Erscheinung, 1917–1918, Öl auf Leinwand, Privatbesitz

(39) Ders., Liebespaar vor rotem Hintergrund, 1983, Öl auf Leinwand, Privatbesitz

(43) Ders., Zirkus (Le Cirque), 1967, Lithographie, M 492

(47) Ders., Die Zauberflöte III, 1972, Lithographie, M 667

www.herder.de
Einbandmotiv: Marc Chagall, Abraham et les trois anges (Detail), 1960–1966, © VG Bild-Kunst, Bonn 2008, MNMC, Nizza
© für die Abbildungen im Innenteil: mit freundlicher Genehmigung VG Bild-Kunst, Bonn 2008
Gesamtgestaltung: Uwe Stohrer, Freiburg
Herstellung: L.E.G.O. Olivotto S.p.A., Vicenza
ISBN 978-3-451-29909-4